**AF219568**

Impressum
Verlag: BABADADA GmbH, Nedderfeld 112 , 22529 Hamburg
Geschäftsführer / Verlagsleitung: Harald Hof
Druck: Books on Demand GmbH, In de Tarpen 42, 22848 Norderstedt

Imprint
Publisher: BABADADA GmbH, Nedderfeld 112 , 22529 Hamburg, Germany
Managing Director / Publishing direction: Harald Hof
Print: Books on Demand GmbH, In de Tarpen 42, 22848 Norderstedt

1

# دبستان

# l'école

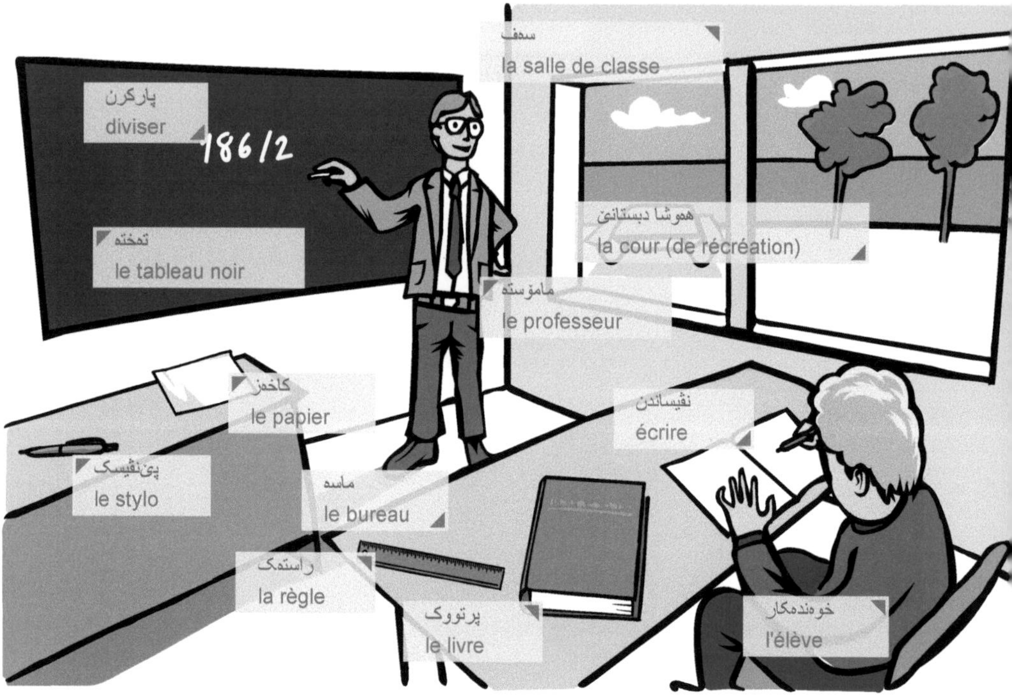

سەف
la salle de classe
پارکرن
diviser
186/2
تەختە
le tableau noir
هەوشا دبستانێ
la cour (de récréation)
مامۆستە
le professeur
کاخەز
le papier
نڤیساندن
écrire
پێنڤیسک
le stylo
ماسە
le bureau
راستەک
la règle
پرتووک
le livre
خوەندەکار
l'élève


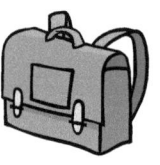

چەوال
..................
le cartable

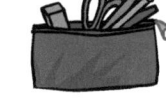

قووتی نڤیستوک
..................
la trousse

قەلەمرساس
..................
le crayon

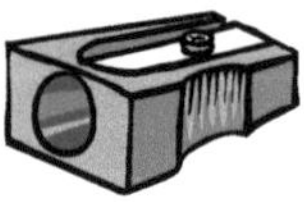

نڤیستوک تووژکر
..................
le taille-crayon

ژێبر
..................
la gomme

نڤیسکا نیگارێ
..................
le carnet à dessin

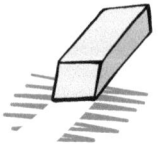

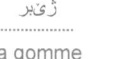

نیگار

le dessin

فرچمیا رەنگێ

le pinceau

قووتی رەنگ

la boîte de peinture

مەقەس

les ciseaux

لەزاق

la colle

پرتووکا فێربوون

le cahier d'exercices

وەزیفا مالێ

les devoirs

**12**

هەژمار

le chiffre

**2+2**

زێدەکرن

additionner

**5−2**

دەرخستن

soustraire

**2×2**

زێدەکرن

multiplier

هەسباندن

calculer

**A**

تیپ

la lettre

ABCDEFG
HIJKLMN
OPQRSTU
VWXYZ

ئالفابە

l'alphabet

**hello**

پەیڤ

le mot

نۊسین
le texte

خواندن
lire

گچ
la craie

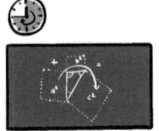

دەرس
la leçon

قەیدکرن
le livre de classe

ئیمتیهان
l'examen

شەهاده
le certificat

کنجا دبستانێ
l'uniforme scolaire

پەروەردەهی
la formation

زانستنامه
le lexique

زانینگە
l'université

میکرۆسکووپ
le microscope

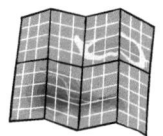

خەریتە
la carte

سەپەتا کاخەزێ
la corbeille à papier

# le voyage

مێڤانخانه
l'hôtel
Grand
مێڤانخانه
l'auberge
ROOMS
CHANGE
ئۆفیسا پەرە ڤەگوهارتنێ
le bureau de change
جەنتە
la valise
ماشین
la voiture

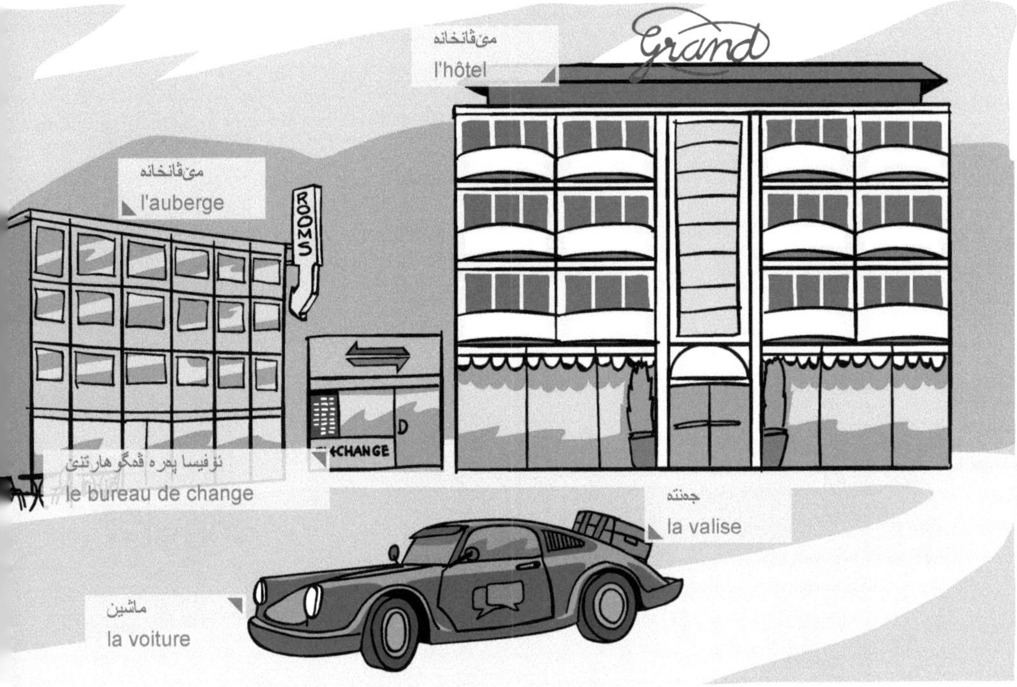

زمان

la langue

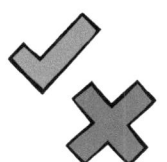

بەلێ / نا

oui / non

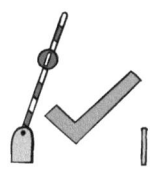

باش

d'accord

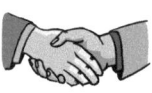

سلاڤ

Salut

وەرگێرا نڤیسکی

l'interprète

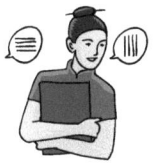

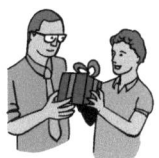

سپاس

merci

بهایی ... چ قاسه؟

Combien coûte...?

ئەز فام ناكم

Je ne comprends pas

ناڕێشە

le problème

ئێڤارباش!

Bonsoir !

سپێدى باش!

Bonjour !

شەڤ باش!

Bonne nuit !

خاترێ تە

Au revoir

ئالى

la direction

هوورموور

les bagages

چەنتە

le sac

چەنتە پشت

le sac-à-dos

مێڤان

l'hôte

ئۆدە

la pièce

جامە خەو

le sac de couchage

چادر

la tente

ناگاگیتن گمرۆکان

l'office de tourisme

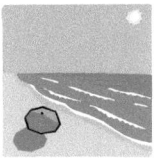

رمخنی ناڤن

la plage

کارتی قەرزی

la carte de crédit

تاشتنی

le petit-déjeuner

فراڤین

le déjeuner

شیڤ

le dîner

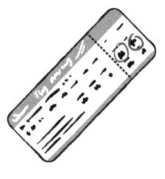

کارت

le billet

ناسانسۆر

l'ascenseur

پوول

le timbre

تخووب

la frontière

گومرک

la douane

بالیۆزخانه

l'ambassade

ڤیزا

le visa

پاسایۆرت

le passeport

# گوهازتن

# le transport

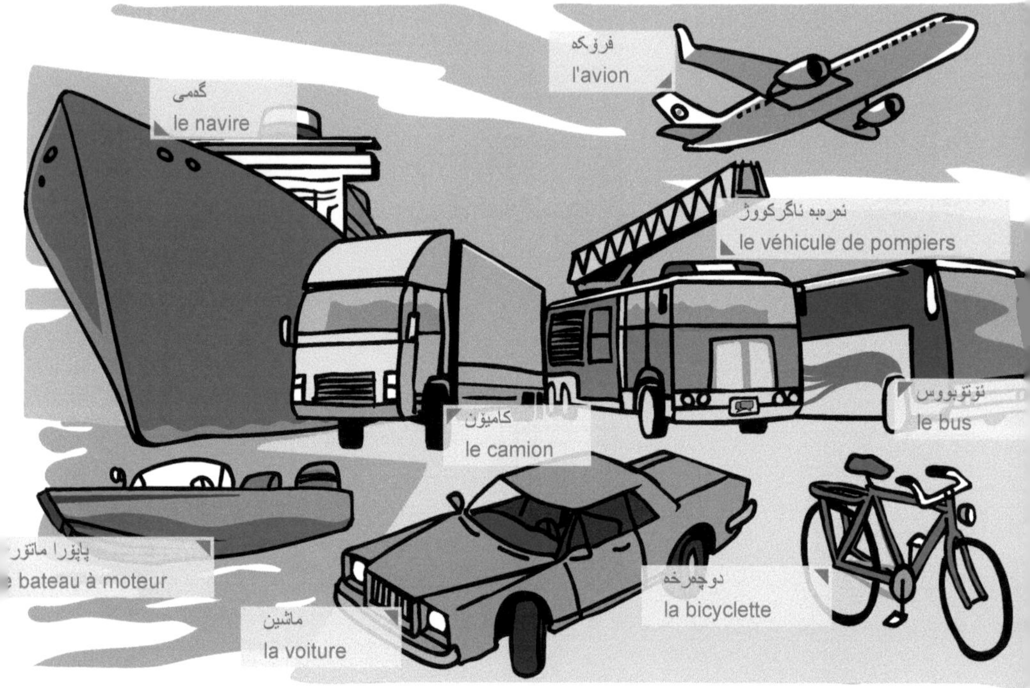

فرۆكه
l'avion
گەمی
le navire
ئەرەبە ئاگركووژ
le véhicule de pompiers
ئۆتوبووس
le bus
كامیۆن
le camion
پاپۆرا ماتۆر
e bateau à moteur
ماشین
la voiture
دوچەرخە
la bicyclette


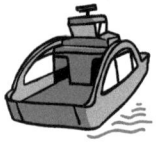

پاپۆر

le ferry

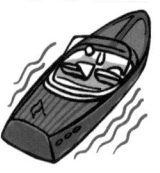

پاپۆر

la barque

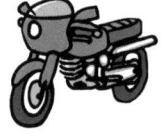

مۆتۆرسیكلێت

la moto

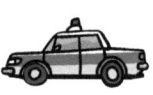

ترمبێلا پۆلیسێ

la voiture de police

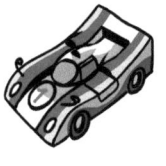

ترمبێلا پێشبازیێ

la voiture de course

ئەرەبە كرێكرنێ

la voiture de location

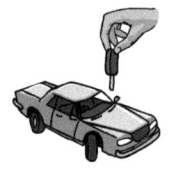

ماشین پەرفەمکرن

l'auto-partage

کامیۆنا کشاندنئ

la voiture de remorquage

کامیۆنا خولیی

la benne à ordures

مؤتۆرسیکلئت

le moteur

مازۆت

l'essence

نیستەگەها بەنزینئ

la station d'essence

تابلۆیا ترافیکئ

le panneau indicateur

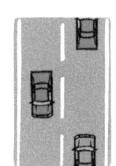

هاتنووچوون

le trafic

ترافیک

l'embouteillage

جهئ پارکئ

le parking

راوەستەکا ترئنئ

la gare

رێچ

les rails

ترئن

le train

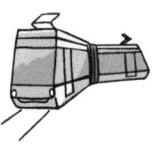

ترئنئ کۆلانئ

le tramway

نەرەبه

le wagon

بابرۆک

l'hélicoptère

بالافڕگەه

l'aéroport

برج

la tour

مسافر

le passager

قووتی

le conteneur

قووتی

le carton

گرگرۆک

le chariot

سەبەتە

la corbeille

رابوون / نیشتن

décoller / atterrir

---

## باژار

## la ville

گوند

le village

ناوەندا باژارئ

le centre-ville

خانی

la maison

سينەما
le cinéma

رێکلام
la publicité

چرایێ رێیێ
le réverbère

CINEMA

رێ، کۆلان
la rue

تاکسی
le taxi

پیا
le piéton

دکان
le kiosque

پەیارێ
le trottoir

رێیا دەربازبوونێ
le passage piéton

قووتی
la poubelle

رێیا دەربازبوونێ
le carrefour

چرایێن ترافیکێ
les feux de circulation

کۆخ
.................
la cabane

خانی
.................
l'appartement

راوەستەکا ترێنێ
.................
la gare

تەلارا شارەڤانی
.................
la mairie

مووزەخانە
.................
le musée

دبستان
.................
l'école

زانینگە

l'université

بانک

la banque

نەخوشخانە

l'hôpital

مئۆقانخانە

l'hôtel

دەرمانخانە

la pharmacie

ئۆفیس

le bureau

کتێبفرۆشی

la librairie

دکان

le magasin

گوڵفرۆش

le fleuriste

بازار

le supermarché

بازار

le marché

سوپەرمارکەت

le grand magasin

ماسیفرۆش

la poissonnerie

ناوەندا کرین

le centre commercial

بەندەر

le port

پارک
...............
le parc

سمکوو
...............
la banque

پڕ
...............
le pont

دەرنجە
...............
les escaliers

ژێر زەمینی
...............
le métro

تونێل
...............
le tunnel

ئیستگەها ئۆتۆبووس
...............
l'arrêt de bus

بار
...............
le bar

خواردنگە
...............
le restaurant

سندووقی پۆستێ
...............
la boîte à lettres

نیشاندەرکا ڕێیی
...............
le panneau indicateur

مەترا پارکینگێ
...............
le parcmètre

باخچا هەیوانان
...............
le zoo

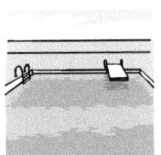

هەوزا مەلەڤانی
...............
le réverbère

مزگەفت
...............
la mosquée

جۆتگه‌

la ferme

لوتاندنا ده‌ردۆر

la pollution

گۆرستان

la cimetière

که‌نیسه

l'église

نه‌ردئ له‌یستنئ

l'aire de jeux

په‌رستگه‌

le temple

تەبیعەت

# le paysage

گه‌لا
la feuille

نیشانده‌رکا رئ
le panneau indicateur

رئ
le chemin

مێرگ
le pré

که‌فر
la pierre

دار
l'arbre

گه‌رزۆک
le randonneur

چه‌م
la rivière

گیا
l'herbe

کولیلک
la fleur

دۆڵ

la vallée

گر

la montagne

گۆڵ

le lac

دارستان

la forêt

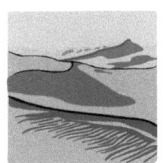

بیابان

le désert

قوڵکان

le volcan

کەڵمە

le château

کەسکەسۆر

l'arc-en-ciel

کثارک

le champignon

دارقەسپ

le palmier

مخمخک

le moustique

مێش

la mouche

مێرى

les fourmis

هنگ

l'abeille

پیرۆ

l'araignée

كوَززك

le coléoptère

بەق

la grenouille

سەهوَر

l'écureuil

ژيِژوَك

le hérisson

كەرگوَه

le lièvre

پەپووك

la chouette

چِفِك

l'oiseau

قوو

le cygne

بەرازى كوَفى

le sanglier

پەزكوَفى

le cerf

پەزكوَفى

l'élan

بەنداف

le barrage

تووربينا با

l'éolienne

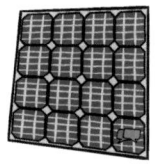

پانەلا خوَرى

le panneau solaire

ناف و هەوا

le climat

# خوارنگەه

# le restaurant

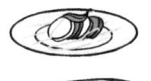

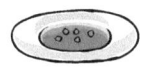

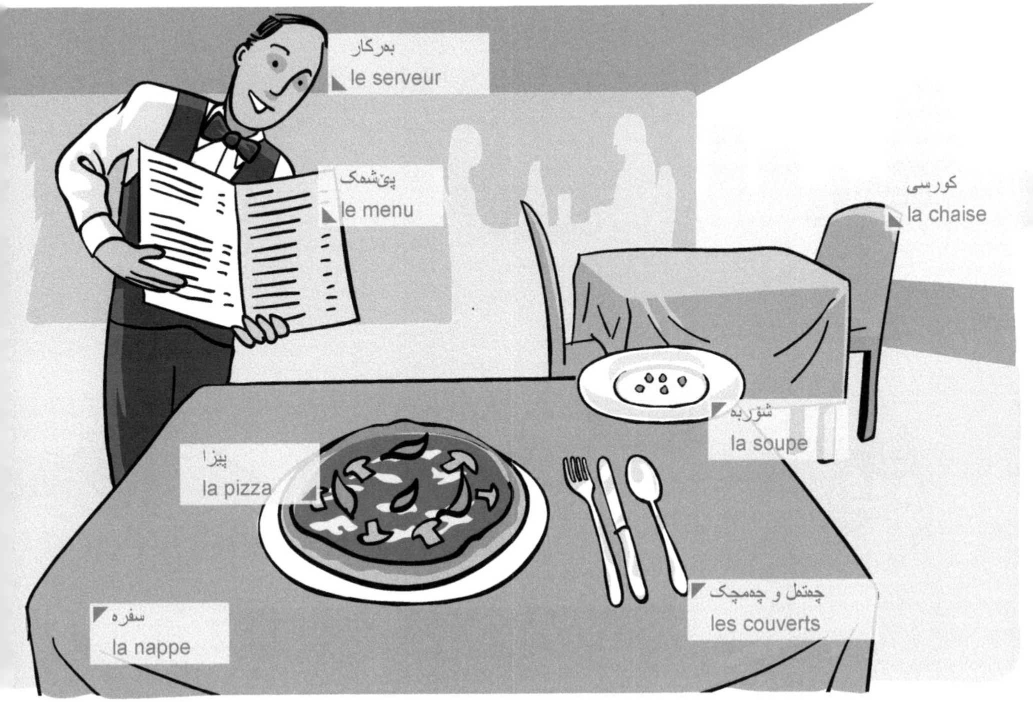

بەرکار
le serveur
پێشەک
le menu
کورسی
la chaise
شۆربە
la soupe
پیزا
la pizza
چەتەڵ و چەمچک
les couverts
سفرە
la nappe


خوارنا دەستپێک

les hors d'œuvre

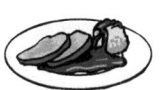

خوارنا سەرەکی

le plat principal

شێرانی

le dessert

ڤەخوارنان

les boissons

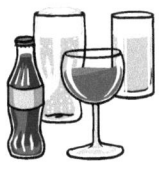

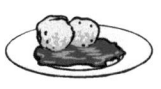

خوارن

l'alimentation

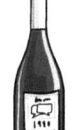

جام

la bouteille

خواردنا لەز

le fast-food

خواردنا رەوین

les plats à emporter

چایدانک

la théière

قووتی شەمەکرێ

le sucrier

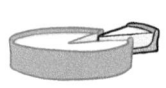

بەش

la portion

مەکینا چێکرنێ ئەسپرەسسۆ

la machine à expresso

کورسیا بلیند

la chaise haute

هەساب

la facture

سینی

le plateau

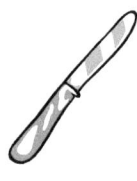

کێر

le couteau

چەتەل

la fourchette

کەفچی

la cuillère

کەفچیا چای

la cuillère à thé

پێشگر

la serviette

قەدەح

le verre

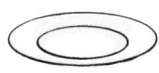

کفیمت
..................
l'assiette

بەربۆشكا کفیمت
..................
l'assiette à soupe

پیالە
..................
la soucoupe

چێنج
..................
la sauce

کنەدانوخ
..................
la salière

راربیب ووتیق
..................
le moulin à poivre

سێک
..................
le vinaigre

نوور
..................
l'huile

بهارات
..................
les épices

کەتچاپ
..................
le ketchup

موستارد
..................
la moutarde

مایۆنێز
..................
la mayonnaise

# بازار

## le supermarché

پێشکێشێن تایبەت
l'offre promotionnelle
FOR
مشتەری
le client
شیرەمەنی
les produits laitiers
فێکی
les fruits
عەرەبە
le chariot


BUTCHERS


قەسابی

la boucherie

BAKERY


دکانا نانپێژ

la boulangerie

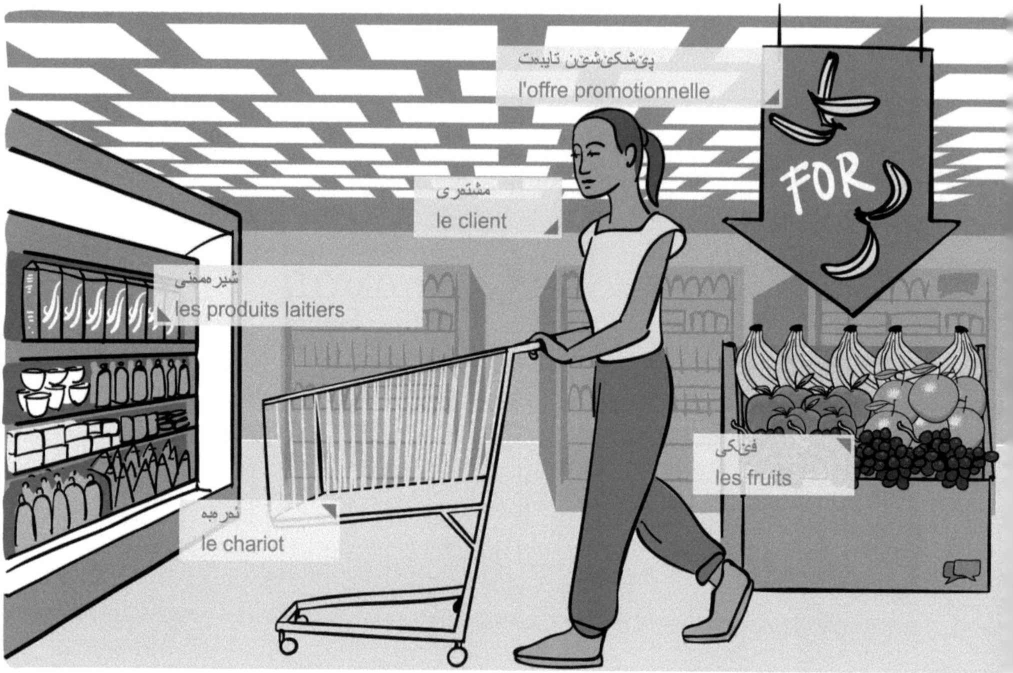

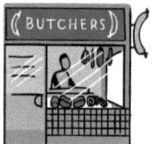

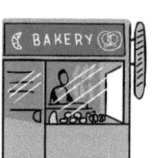

وەزن کرن

peser

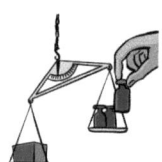

سەبزە

les légumes

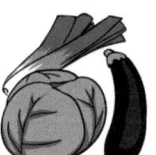

گۆشت

la viande

خوارنێ جەمەدی

les aliments surgelés

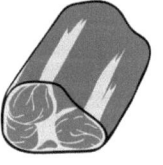

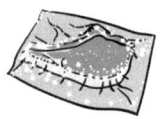

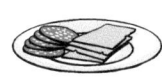

گۆشتێ سار

la charcuterie

خواردنا پێلی

les conserves

خووباری پاقژکرنێ

la poudre à lessive

شرینی

les bonbons

بەرهەمێن ناڤخوەیی

les articles ménagers

بەرهەمێن پاقژکرنێ

les détergents

فرۆشیار

la vendeuse

خەزنۆک

la caisse

درافگر

le caissier

لیستا کرینێ

la liste d'achats

دەمێن ڤەکری

les heures d'ouverture

جزدان

le portefeuille

کارتێ قەرزی

la carte de crédit

چەوال

le sac

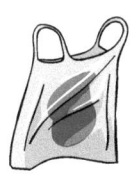

چەنتە

le sac en plastique

ناف
l'eau

شەربەت
le jus de fruit

شیر
le lait

کۆمر
le coca

شەراب
le vin

بیرا
la bière

ئالکۆل
l'alcool

کاکۆ
le chocolat chaud

چای
le thé

قەھوە
le café

ئەسپرەسسۆ
l'expresso

کاپۆچینۆ
le cappuccino

مؤز

la banane

سێڤ

la pomme

پرتهقالی

l'orange

گوندۆر

le melon

لیمۆن

le citron.

گێزهر

la carotte

سیر

l'ail

قامر

le bambou

پیاز

l'oignon

قارچک

le champignon

گوێز

les noisettes

شهیره

les pâtes

سپاگێتتی

les spaghetti

برنج

le riz

سەلەتە

la salade

چیپس

les pommes frites

پەتەتەیا براشتی

les pommes de terre rôties

پیزا

la pizza

هامبورگەر

le hamburger

نانۆک

le sandwich

گۆشتێ ستوویێ بەرخی

l'escalope

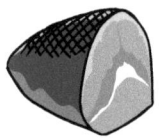

گۆشتێ هشککری

le jambon

سالامێ

le salami

سۆسیس

la saucisse

مریشک

le poulet

بژارتن

le rôti

ماسی

le poisson

شۆربه بلوول

les flocons d'avoine

مووسلى

le muesli

كەرتێن گڵگڵان

les cornflakes

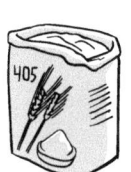

نارد

la farine

جرۆسسانت

le croissant

سەموون

les petits-pains

نان

le pain

تۆست

le pain grillé

نانک

les biscuits

نفیشک

le beurre

ماست

le fromage blanc

کولیچه

le gâteau

هێک

l'œuf

هێنکا قەڵاندى

l'œuf au plat

پەنیر

le fromage

دۆندۇرمه
la glace

شېكەر
le sucre

ھەڭگۈ
le miel

مۇرەببا
la confiture

خامىيا نۇۋگات
la crème nougat

كورى
le curry

# جۆتگەه

# la ferme

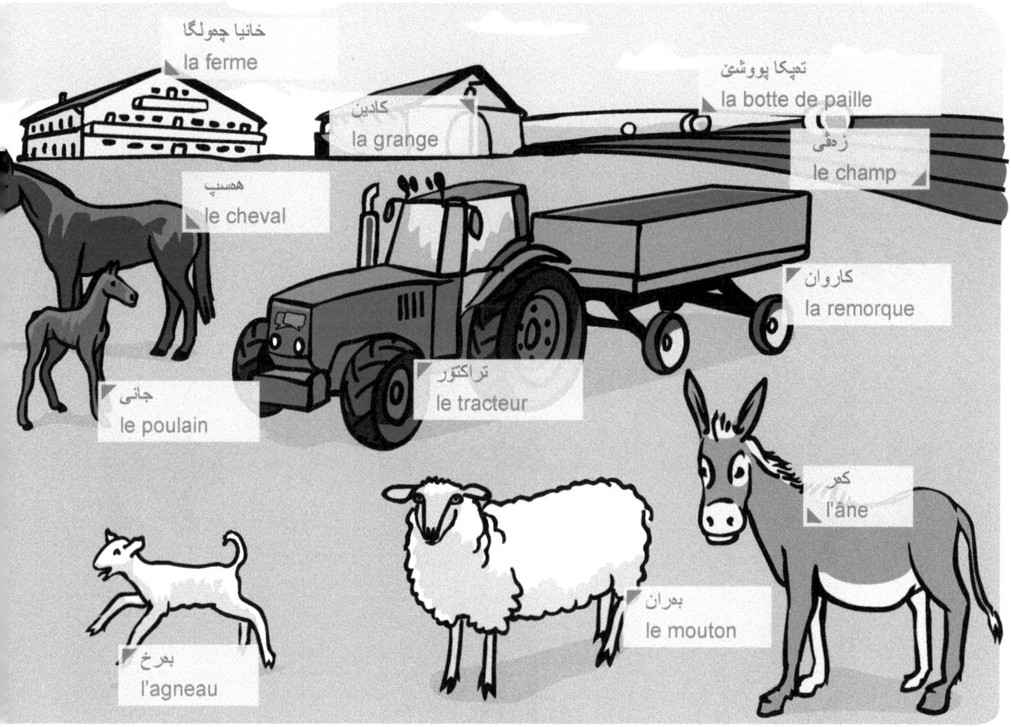

خانیا چەولگا
la ferme
کادین
la grange
تەپکا پووشێ
la botte de paille
زەڤی
le champ
هەسپ
le cheval
کاروان
la remorque
تراکتۆر
le tracteur
جانی
le poulain
کەر
l'âne
بەران
le mouton
بەرخ
l'agneau


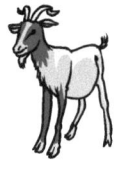

بزن

.................

la chèvre

چێلەک

.................

la vache

گۆلک

.................

le veau

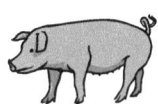

بەراز

.................

le porc

خنزیرک

.................

le porcelet

بۆخە

.................

le taureau

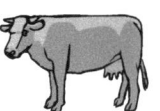

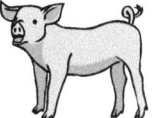

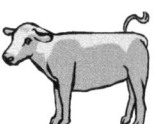

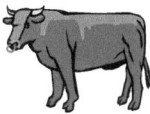

قاز

l'oie

مراڤی

le canard

جوورچک

le poussin

مریشک

la poule

کەڵەشێر

le coq

جرج

le rat

کتک

le chat

مشک

la souris

گا

le bœuf

کووچک

le chien

خانیا کووچکێ

le chenil

خانی باخێ

le tuyau de jardin

قووتیکا ئاڤدانێ

l'arrosoir

شالووک

la faucheuse

گاسن

la charrue

داس

la faucille

مەربێر

la pioche

دارساپک

la fourche

بڕ

la hache

دەستگەرە

la brouette

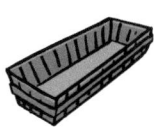

قووتی خوارنا جانداران

la cuve

قووتی شیر

le pot à lait

توور

le sac

چپەر

la clôture

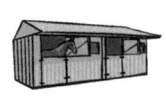

ناخور

l'étable

خانا کولیلکان

le serre

ناخ

le sol

دەندک

les semences

پەین

l'engrais

کۆمباین

la moissonneuse-batteuse

زاد
.................
récolter

زاد
.................
la récolte

پەتاتە
.................
l'igname

گەنم
.................
le blé

فاسۆلی
.................
le soja

پەتاتە
.................
la pomme de terre

دەخل
.................
le maïs

دەندک
.................
le colza

داری فێکی
.................
l'arbre fruitier

سێوی بن ئەردی
.................
le manioc

زاد
.................
les céréales

# خانی
# la maison

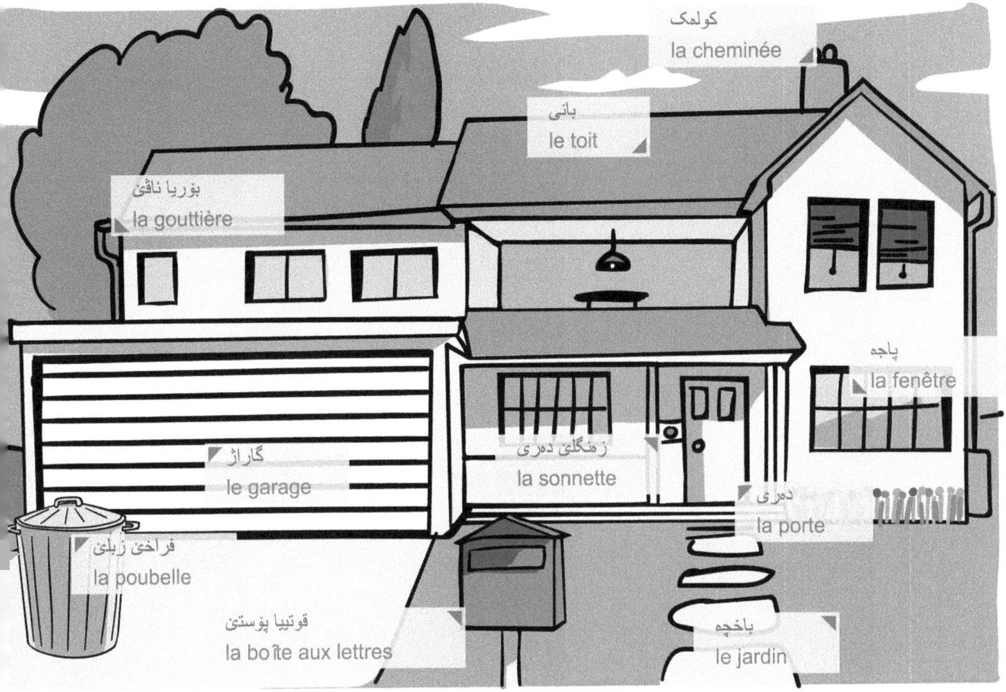

کولمک
la cheminée
بانی
le toit
بۆریا ناڤێ
la gouttière
پاجە
la fenêtre
گاراژ
le garage
زەنگلێ دەرێ
la sonnette
دەرێ
la porte
فراخێ زبلێ
la poubelle
قوتیا پۆستێ
la boîte aux lettres
باخچە
le jardin


ئۆدا روونشتنێ

le salon

هەمام

la salle de bain

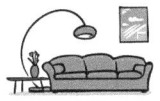

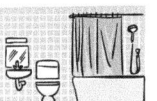

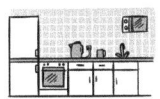

مەتبەخ

la cuisine

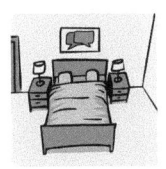

ئۆدا خەوێ

la chambre à coucher

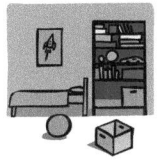

ئۆدەیا زارۆک

la chambre d'enfant

ئۆدا شیڤێ

la salle à manger

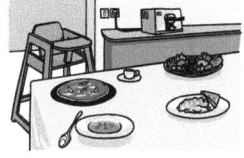

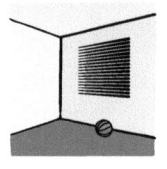

بنی
....................
le sol

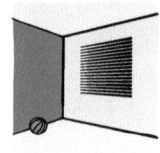

دیوار
....................
le mur

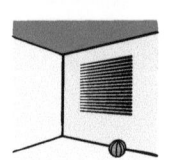

بهربان
....................
le plafond

خمنزک
....................
la cave

ساونا
....................
le sauna

بالکۆن
....................
le balcon

بهردانک
....................
la terrasse

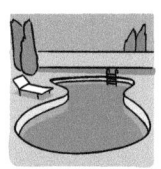

هەوزا مەلەڤانی
....................
la piscine

چیمەن بڕ
....................
la tondeuse à gazon

مەلھەفە
....................
la housse

بەتانی
....................
la couette

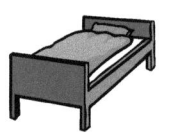

نثێن
....................
le lit

گەزک
....................
le balai

ساتل
....................
le sceau

کلیل
....................
l'interrupteur

كاخەزئ دیوار
le papier peint

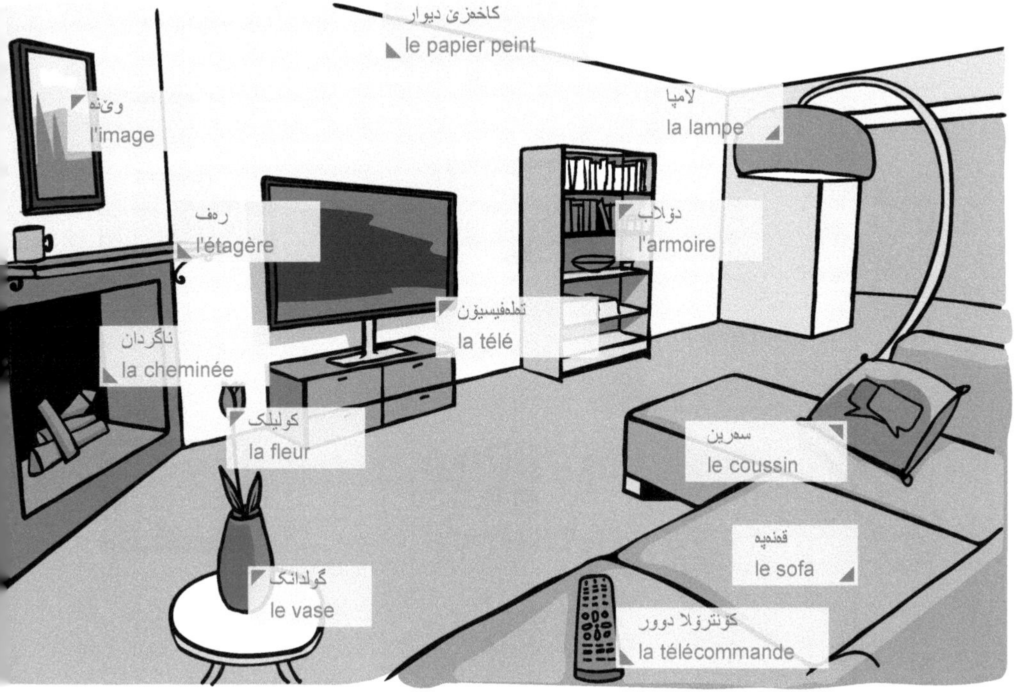

وێنه
l'image

لامپا
la lampe

ردف
l'étagère

دۆلاب
l'armoire

ناگردان
la cheminée

تەلەڤیسیۆن
la télé

کوڵیلک
la fleur

سەرین
le coussin

قەنەپە
le sofa

گوڵدانک
le vase

كۆنترۆلا دوور
la télécommande

خالیچه
le tapis

پەردە
le rideau

مێز
la table

کورسی
la chaise

کورسیا هەژانۆک
la chaise à bascule

کورسی
le fauteuil

پرتووک

le livre

بەتانیی

la couverture

خەملاندن

la décoration

نۆزنگ

le bois de chauffage

فیلم

le film

هـف

la chaîne hi-fi

کلیل

la clé

رۆژنامه

le journal

نیگار

la peinture

پۆستەر

le poster

رادیۆ

la radio

دەفتەر

le bloc-notes

سڕۆکا ئەلمەکتریکی

l'aspirateur

کاکتووس

le cactus

مۆم

la bougie

# مەتبەخ
# la cuisine

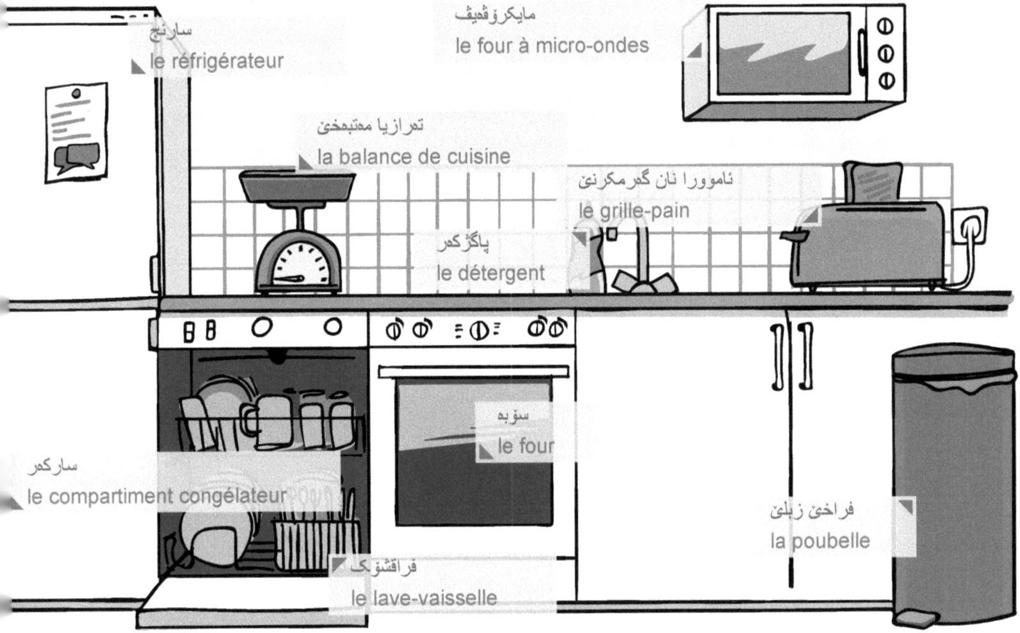

سارنج
le réfrigérateur
مایکرۆڤەیف
le four à micro-ondes
تەرازیا مەتبەخێ
la balance de cuisine
ئامووریا نان گەرمکرنێ
le grille-pain
پاگژکەر
le détergent
سۆبە
le four
سارکەر
le compartiment congélateur
فراخێ زبلێ
la poubelle
فراقشۆک
le lave-vaisselle


سۆبە
..................
le four

ئامان
..................
la casserole

ئامای نووتوو
..................
la marmite

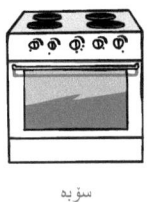

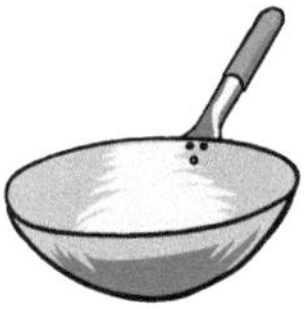

فراقێ مەزن
..................
le wok / kadai

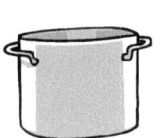

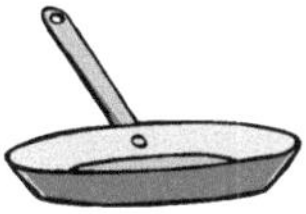

دیزک
..................
la poêle

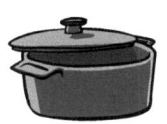

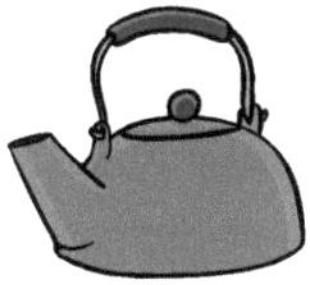

کەلینک
..................
la bouilloire electrique

فراقئ هلمئ

le cuiseur vapeur

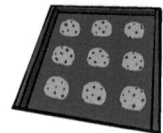

سئنی نانئ

la plaque de cuisson

فراق

la vaisselle

پیاله

le gobelet

كاسك

la coupe

دارئ نانخوارن

les baguettes

هسسك

la louche

كهڤچیا مهزن

la spatule

رینهك

le fouet

كهڤگیر

la passoire

بێژنگ

le tamis

رێشكهر

la râpe

دهستار

le mortier

براشتن

le barbecue

ئاگرئ ڤالا

la cheminée

تەختەیا برینێ

la planche à découper

داركێ تیرێ

le rouleau à pâtisserie

دەفك بادەك

le tire-bouchon

قوونتى

la boîte

قوونتیڤەكر

l'ouvre-boîte

جاوێ نامانان

les maniques

دەستشۆ

le lavabo

فرچە

la brosse

پارازۆ١

l'éponge

تەفدێر

le mixeur

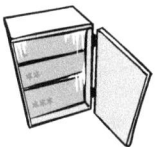

ساركرێ جەمەدى

le congélateur

شووشە بەبكان

le biberon

هەنەفى

le robinet

# la salle de bain

دووش
la douche

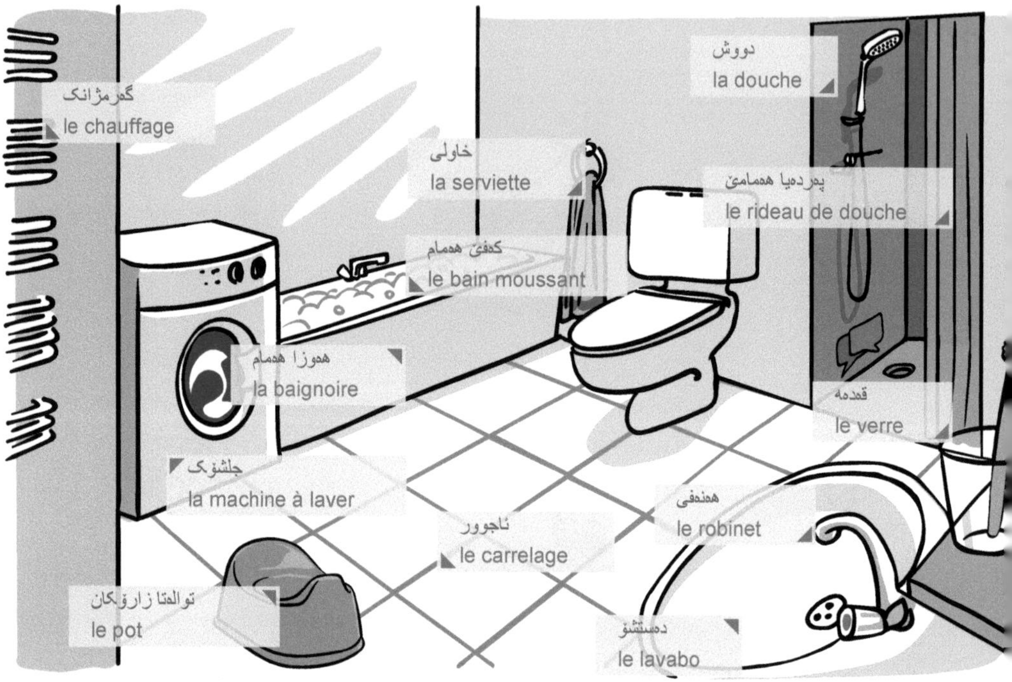

گەرمژانک
le chauffage

خاولی
la serviette

پەردەیا هەمامێ
le rideau de douche

کەفئ هەمام
le bain moussant

هەموزا هەمام
la baignoire

قەدەحە
le verre

جلشۆک
la machine à laver

ناجوور
le carrelage

همنەفى
le robinet

توالەتا زارۆکان
le pot

دەستشۆ
le lavabo

توالەت
les toilettes

توالەتا نمردئ
la toilette à la turque

توالەت
le bidet

ناڤدەستخانا مێران
l'urinoir

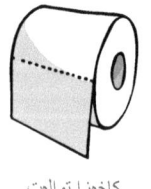

کاخەزا توالەت
le papier toilette

فرشەیا توالەت
la brosse à toilette

فرچەی ددان

la brosse à dents

مەجوونی ددان

le dentifrice

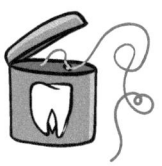

ئەخا ددان

le fil dentaire

شووشتن

laver

دووشی دەستی

la douche manuelle

دووش

la douche intime

دەستشۆ

la vasque

فرچای پشت

la brosse dorsale

سابوون

le savon

جێلی هەمام

le gel douche

شامپۆ

le shampooing

فانیلە

le gant de toilette

زێڕاب

l'écoulement

کرێم

la crème

بۆنی خوشکر

le déodorant

مرێنک

le miroir

مرێکا دەستێ

le miroir cosmétique

گووزان

le rasoir

کەفئ تەراشینئ

la mousse à raser

ممجوونا پشتی تەراشینئ

l'après-rasage

شەه

la peigne

فرچه

la brosse

پۆر هیشککر

le sèche-cheveux

سیرایا پۆرئ

la laque pour cheveux

کۆزمەتیک

le fond de teint

سۆرافک

le rouge à lèvres

رەنگئ نینۆک

le vernis à ongles

پەمبوو

l'ouate

مەقسستا نینۆک

le coupe-ongles

پارفووم

le parfum

چەوالێ هەمامێ

la trousse de toilette

کورسیا بێپشت

le tabouret

تەرازی

le pèse-personne

کنجا هەمامێ

le peignoir

لەپکا لاستیکێن

les gants de nettoyage

تامپۆن

le tampon

خاولیا پاقژکرنێ

es serviettes hygiéniques

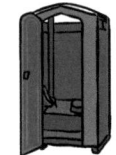

توالەتا کیمیییەوی

la toilette chimique

# ئۆدەیا زارۆک
# la chambre d'enfant

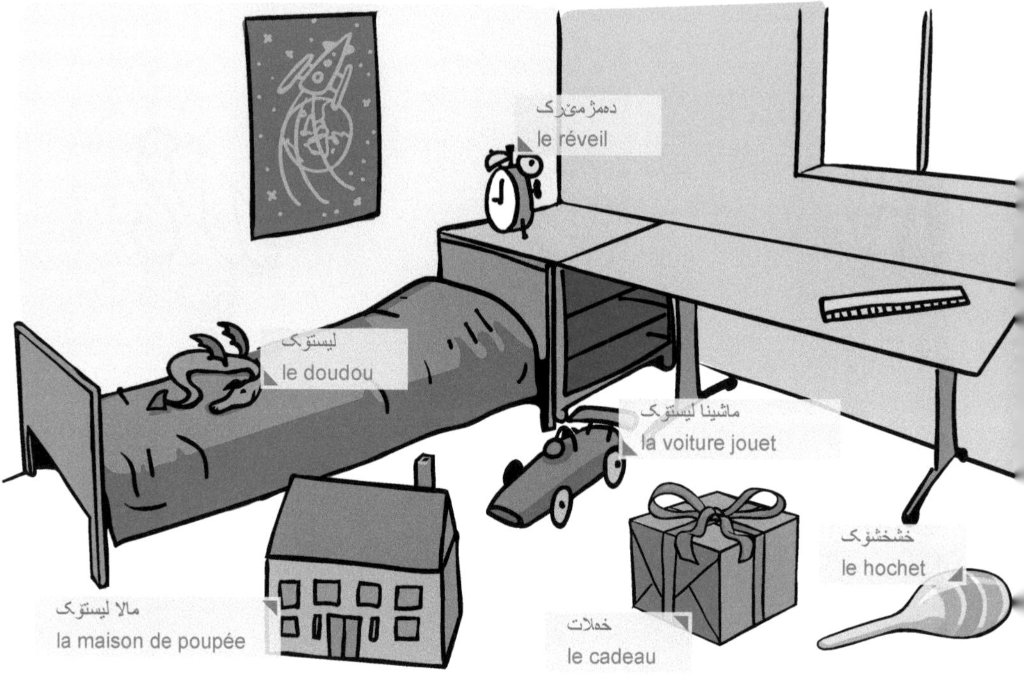
دەمژمێرک
le réveil
لیستۆک
le doudou
ماشینا لیستۆک
la voiture jouet
خشخشۆک
le hochet
مالا لیستۆک
la maison de poupée
خەلات
le cadeau

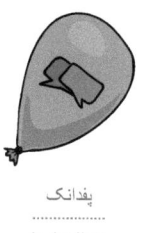

پفدانک
..................
le ballon

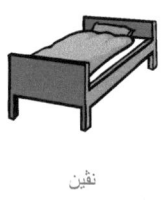

نڤین
..................
le lit

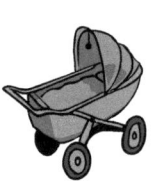

کۆچک
..................
la poussette

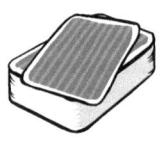

لیستکا کارتێ
..................
le jeu de cartes

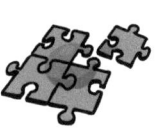

فریزبی
..................
le puzzle

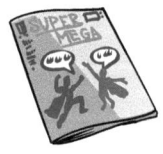

کۆمیک
..................
la bande dessinée

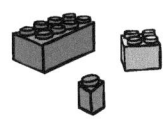

ئاجوورا لێنگۆ

les pièces lego

ئاجوورا لیستۆک

les blocs de construction

بووکد شووشه

la figurine

کنجا بەبکان

la grenouillère

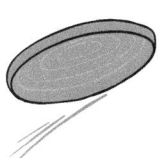

فرزبی

le frisbee

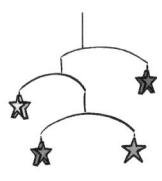

قەگو هەستن

le mobile

لیستکێن تەمخته

le jeu de société

مۆر

le dé

مۆدێلا ترێنێ

le train miniature

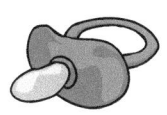

مەمک

la sucette

جەژن

la fête

کتێبا وێنه

le livre d'images

تۆپ

la balle

بووکد شووشه

la poupée

لەییستن

jouer

کونا خیزئ

le bac à sable

جۆلانه

la balançoire

لیستوکان

les jouets

لیستکا ڤیدەۆیی

la console de jeu

سئچەرخه

le tricycle

هرچا لیستوک

l'ours en peluche

جلدانک

l'armoire

کنج

# les vêtements

گۆره

les chaussettes

گۆره

les bas

دەرپئگۆرئ

le collant

x

شال
l'écharpe

چەتر
le parapluie

كراس
le t-shirt

قایش
la ceinture

سۆلكئ ناڤ مالئ
les pantoufles

شمكال
les bottes

سۆلك
les baskets

سۆلک
les sandales

سۆل
les chaussures

پۆتينا چەرمئ
les bottes de caoutchouc

پانتۆلئ ژئر
les sous-vêtements

پئسيربەند
le soutien-gorge

چمكبەند
le maillot de corps

جندهک

le body

پانتۆل

le pantalon

ژ مانس

le jean

دامان

la jupe

کراس

le chemisier

کراس

la chemise

فانیۆله

le pull

فانیۆله

le sweat à capuche

جاکێت

la veste

ساکۆ

la veste

چاکەت

le manteau

بارانی

l'imperméable

لەباس

le costume

فیستان

la robe

جلێ داوەتێ

la robe de mariée

چاکێت
.................
le costume

پێنجامه
.................
la chemise de nuit

پێنجامه
.................
le pyjama

ساری
.................
le sari

لمچک
.................
le foulard

مێزەر
.................
le turban

هێرام
.................
la burqa

کافتان
.................
le caftan

ئەبا
.................
l'abaya

کنجا ئاژنینکرن
.................
le maillot de bain

جلکا مەلەڤانی
.................
le maillot de bain

شۆرت
.................
le short

جلا هەقۆژکاری
.................
la tenue d'entraînement

پێشمال
.................
le tablier

لمچک
.................
les gants

دوگمه
.................
le bouton

بەرچاڤك
.................
les lunettes

بازن
.................
le bracelet

گەردەنی
.................
le collier

گوستیل
.................
la bague

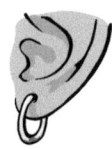

گوهارك
.................
la boucle d'oreille

دەفك
.................
le bonnet

هلاقستمك
.................
le cintre

كووم
.................
le chapeau

كراوات
.................
la cravate

زیپ
.................
la fermeture éclair

سەرپارێز
.................
le casque

دەرزی
.................
les bretelles

كنجا دیستانئ
.................
l'uniforme scolaire

یوونیفۆرم
.................
l'uniforme

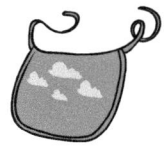

بەردلک
..................
le bavoir

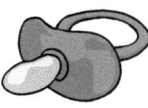

مەمک
..................
la sucette

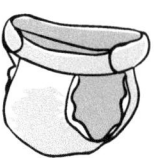

پونداخ
..................
la lange

# ئۆفیس
# le bureau

پێشکەشکەر
le serveur
دۆلابێ بەلگە
l'armoire d'archivage
کاخەز
le papier
چاپەر
l'imprimante
نیشاندەر
l'écran
مشک
la souris
ماسە
le bureau
دەفتەر
le classeur
کلاڤیە
le clavier
سەبەتا کاخەزێ
la corbeille à papier
کۆمپیوتەر
l'ordinateur
کورسی
la chaise


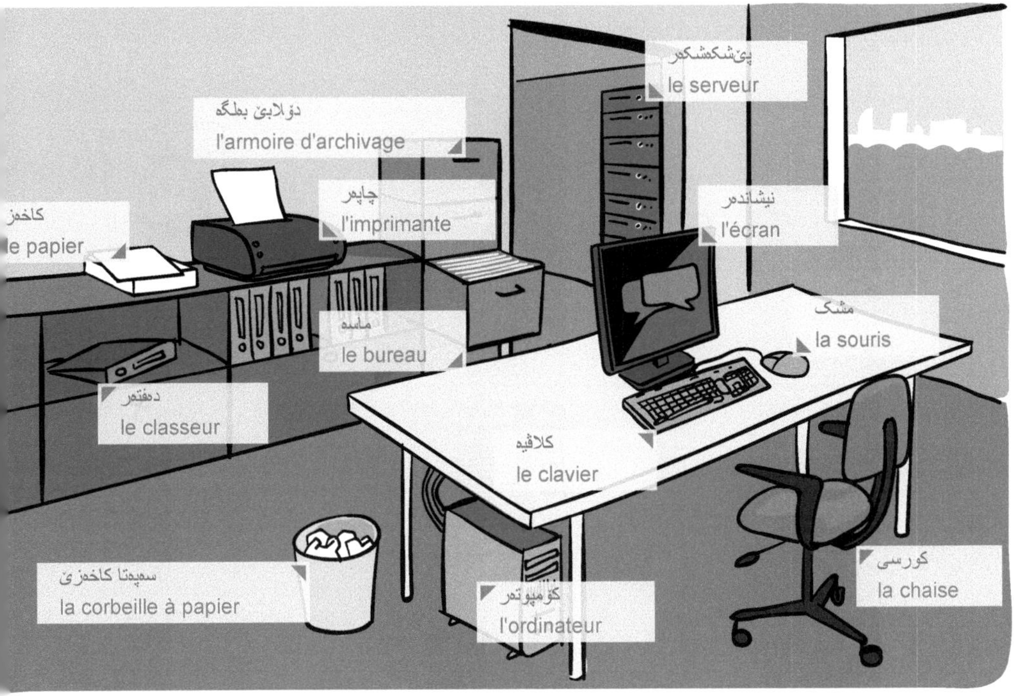

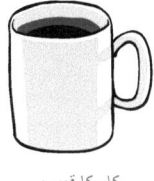

کاسکا قەهوە
..................
la tasse de café

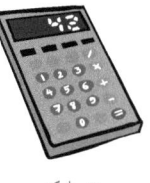

هەسابکەر
..................
la calculatrice

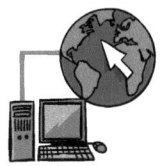

ئینتەرنەت
..................
l'internet

كۆمپيوتېرا لاپتوپ

l'ordinateur portable

نامه

la lettre

پەيام

le message

تېلەفۆنا مۆبيل

le portable

تۆر

le réseau

ممكينا فۆتۆكۆپيى

la photocopieuse

سۆفتوارە

le logiciel

تېلەفۆن

le téléphone

سۆجكەتا فيشەك

la prise

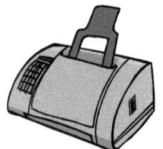

ممكينا فاخئ

le fax

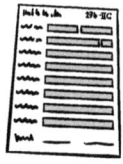

فۆرم

le formulaire

بەلگە

le document

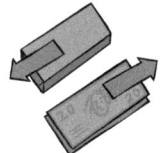

كرين

acheter

پەرە دان

payer

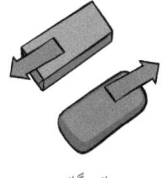

بازرگانى

faire du commerce

پەرە

la monnaie

دۆلار

le dollar

يۆرۆ

l'euro

يەنئ ژاپۆنئ

le yen

رۆبلئ رووسى

le rouble

فرانكئ سويسئ

le franc suisse

يوانئ چينئ

le renminbi yuan

رووپئ هندى

la roupie

ممكينا ژخوبمرا دراڤ

le distributeur automatique

ئۆفىسا پەرە قەمگوهارتنئ
.................
le bureau de change

زێر
.................
l'or

زیڤ
.................
l'argent

نەفت
.................
le pétrole

وزه
.................
l'énergie

بها
.................
le prix

پەیمان
.................
le contrat

تاخ
.................
la taxe

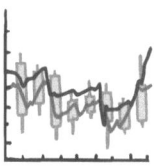

سەهام
.................
l'action

كاركرن
.................
travailler

كاركەر
.................
l'employé

كاردا
.................
l'employeur

فابرىكا
.................
l'usine

دكان
.................
le magasin

پۆلیس
l'agent de police

ناگرکوژ
le pompier

ناشباز
le cuisinier

بژیشک
le médecin

فڕۆکەڤان
le pilote

باخچەڤان
le jardinier

نەجار
le menuisier

دروونڤان
la couturière

هاکم
le juge

شیمیازان
le chimiste

شانۆگەر
l'acteur

شوفێری باسێ

le conducteur de bus

شوفێرمکی تاکسیێ

le chauffeur de taxi

ماسیڤان

le pêcheur

پاگژ کهر

la femme de ménage

چێنکرێ بانی

le couvreur

بەرکار

le serveur

نێچرڤان

le chasseur

رەنگرێس

le peintre

نانپێژ

le boulanger

کارەباڤان

l'électricien

ناڤاکەر

l'ouvrier

ئەندەزیار

l'ingénieur

قەساب

le boucher

لوولەکار

le plombier

پۆستەڤان

le facteur

نمسکەر
le soldat

میمار
l'architecte

دراۆگر
le caissier

فرۆتکارا چیچمکان
le fleuriste

پۆرچئکەر
le coiffeur

ناژۆڤان
le contrôleur

مەکانیک
le mécanicien

کەشتیڤان
le capitaine

پزیشکا ددانان
le dentiste

زانستیار
le scientifique

رووهان
le rabbin

ئیمام
l'imam

کەشە
le moine

کەشیش
le prêtre

# ئامووران

# les outils

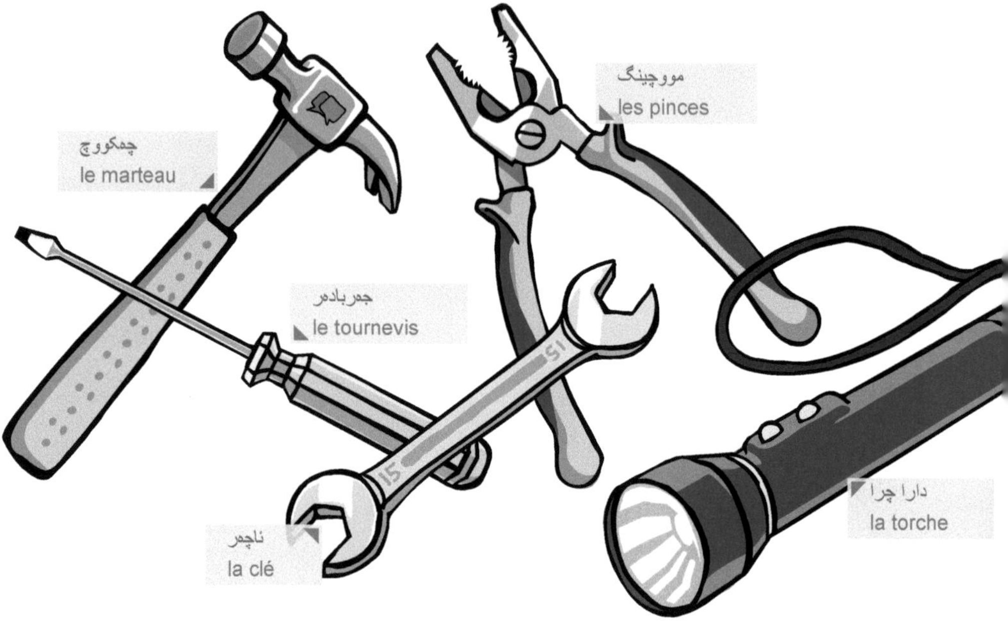

چەکووچ
le marteau
مووچینگ
les pinces
جەربادەر
le tournevis
ئاچەر
la clé
دارا چرا
la torche


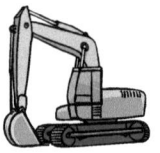

شۆفەل

la pelleteuse

قووتیا ئامووران

la boîte à outils

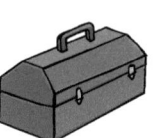

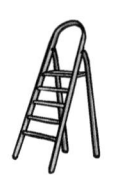

پەیژە

l'échelle

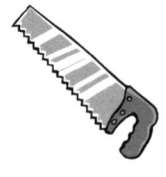

مشار

la scie

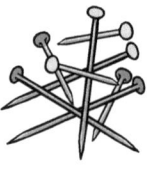

میخ

les clous

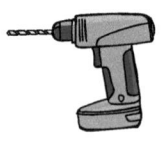

قولکرن

la perceuse

چێکرن
..............
réparer

مەربێر
..............
la pelle

نالەت!
..............
Mince !

بێل
..............
la pelle

قووتیا رەنگێ
..............
le pot de peinture

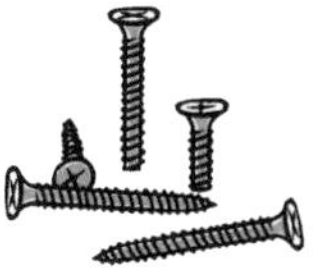

جمر
..............
les vis

## ئامووریێن مووزیکێ

# les instruments de musique

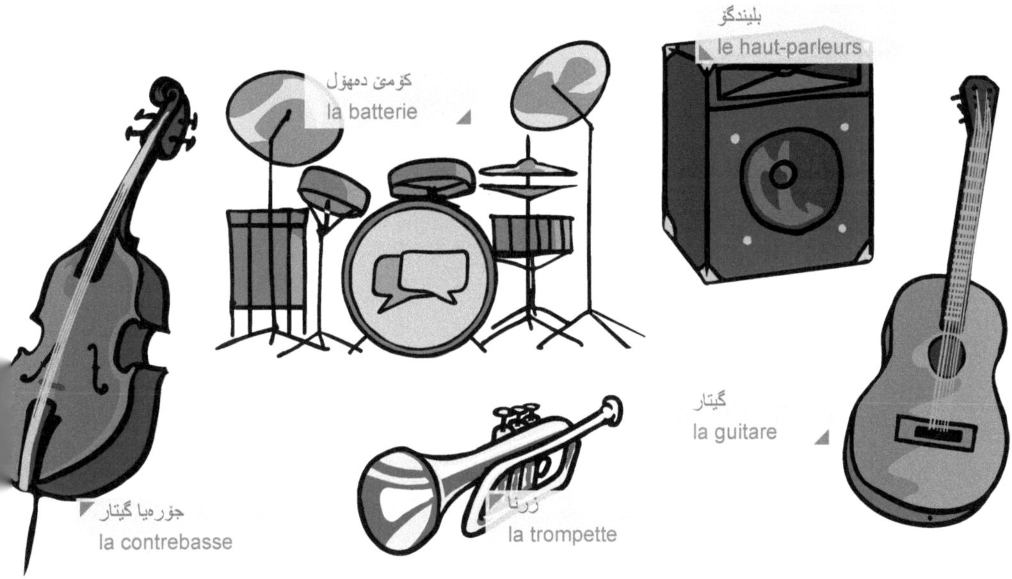

بلیندگۆ
le haut-parleurs

کۆمێ دەهۆل
la batterie ◀

گیتار
la guitare ◀

◀ جۆرهیا گیتار
la contrebasse

زرنا
la trompette

پیانۆ

le piano

ڤیۆلین

le violon

باس

la basse

دەهۆل

les timbales

داهۆل

le tambour

کەبیوارد

le piano électrique

ساکسۆفۆن

le saxophone

بلوور

la flûte

میکرۆفۆن

le microphone

# باخچا هەیوانان

# le zoo

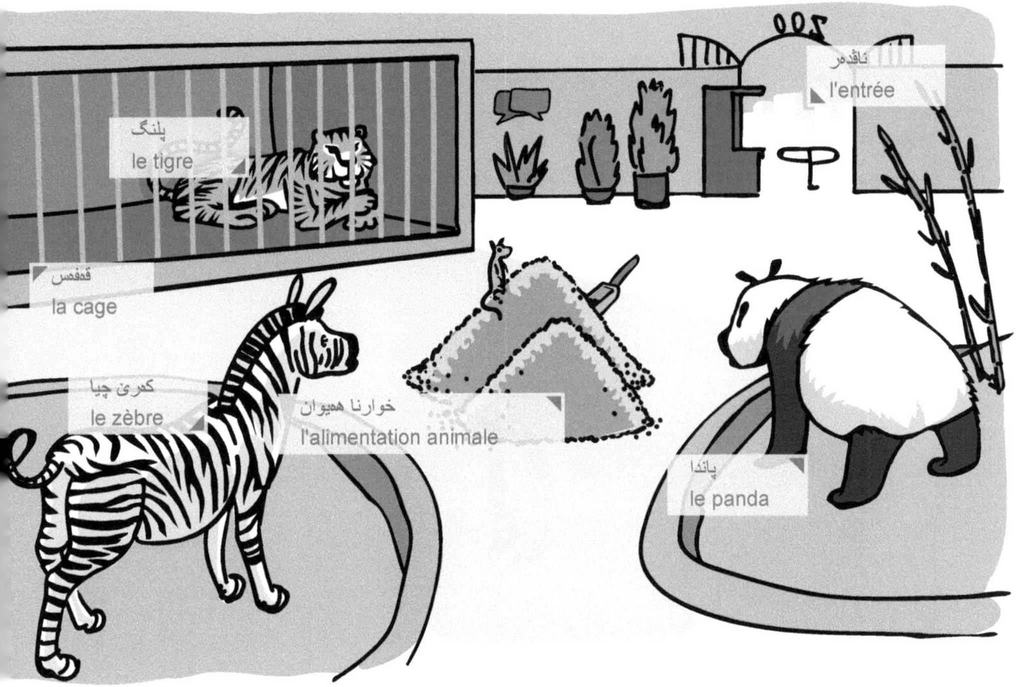

ئاڤدەر
l'entrée
پلنگ
le tigre
قەفەس
la cage
کەرێ چیا
le zèbre
خوارنا هەیوان
l'alimentation animale
پاندا
le panda


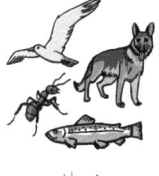

هەیوان
................
les animaux

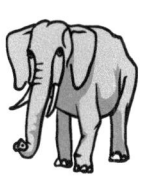

فیل
................
l'éléphant

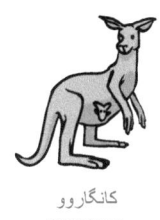

کانگاروو
................
le kangourou

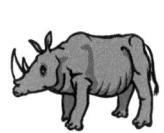

کەرکەدەن
................
le rhinocéros

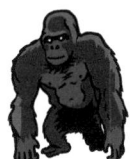

گۆریل
................
le gorille

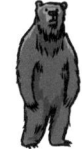

هرچ
................
l'ours

هێشتر

le chameau

هێشترمه

l'autruche

شێر

le lion

مەیموون

le singe

فلامینگۆ

le flamand rose

پاپاخان

le perroquet

هرچا جەمسەری

l'ours polaire

پەنگوین

le pingouin

سەمامسی

le requin

تاووس

le paon

مار

le serpent

تمساح

le crocodile

پارێزەرا باخچا ئاژەلان

le gardien de zoo

سەگا دەریا

le phoque

پلنگ

le jaguar

هەسپ
.................
le poney

پلنگ
.................
le léopard

هەسپی رووبار
.................
l'hippopotame

جانهوئشتر
.................
la girafe

هەلۆ
.................
l'aigle

بەرازێ كۆڤی
.................
le sanglier

ماسی
.................
le poisson

كووسی
.................
la tortue

والراس
.................
le morse

رێۆڤی
.................
le renard

خەزال
.................
la gazelle

# les sports

فووتبۆلئ ئامەریکا
l'american Football

بسكلێتان
le cyclisme

تەننیس
le tennis

باسكێتبۆل
le basket-ball

ئاوژەنیكرن
la natation

بۆخنگ
la boxe

هۆكییا سەر جەمەدێ
le hockey sur glace

فووتبۆل
le football

بادمنتۆن
le badminton

یێ ئاتلەتیزمێ
l'athlétisme

هەندبۆل
le handball

بەفراژۆتن
le ski

پۆلۆ
le polo

# چالاکیان

# les activités

کەنین
rire
هلپەکە
sauter
هەمبێز
embrasser
بڕێڤەچوون
marcher
لاوژە گوتن
chanter
خەون دیتن
rêver
نمێژ کرن
prier
ماچکرن
faire la bise


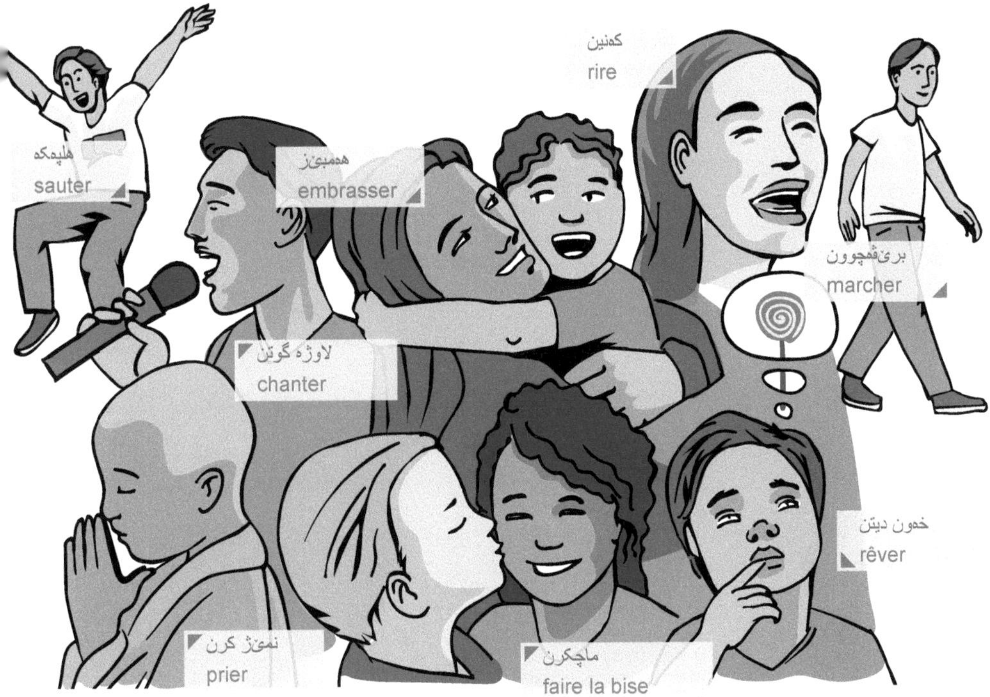

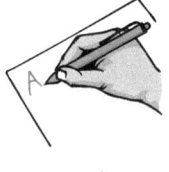

نڤیساندن

écrire

نیگار کێشان

dessiner

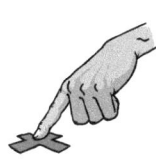

نیشان دان

montrer

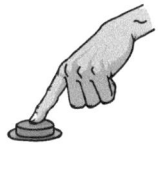

پالدان

pousser

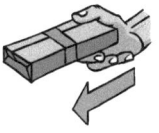

دایین

donner

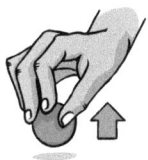

راکرن

prendre

هەبوون
..............
avoir

کرن
..............
faire

بوون
..............
être

سمکنین
..............
être debout

بازدان
..............
courir

کشاندن
..............
trier

ئاڤێتن
..............
jeter

کەتن
..............
tomber

دەرمو کرن
..............
être couché

سمکنین
..............
attendre

گو هەزتن
..............
porter

روونشتن
..............
être assis

جل بەرکرن
..............
s'habiller

رازان
..............
dormir

رابوون
..............
se réveiller

مێزه کرن

regarder

گرین

pleurer

جملتد

caresser

شه کرن

peigner

پهیڤین

parler

فامکرن

comprendre

پرسکرن

demander

بهیستن

écouter

قهخوارن

boire

خوارن

manger

کۆم کرن

ranger

همزکرن

aimer

خوارن چێکرن

cuire

ناژۆتن

conduire

فرین

voler

کەشتیسۊانی

faire de la voile

هەسیباندن

calculer

خواندن

lire

هێنبوون

apprendre

کارکرن

travailler

زەوجین

se marier

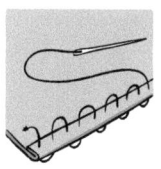

درووتن

coudre

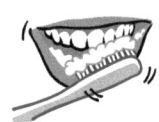

ددان شووتن

brosser les dents

کوشتن

tuer

دووخان

fumer

شاندن

envoyer

# مالبات

# la famille

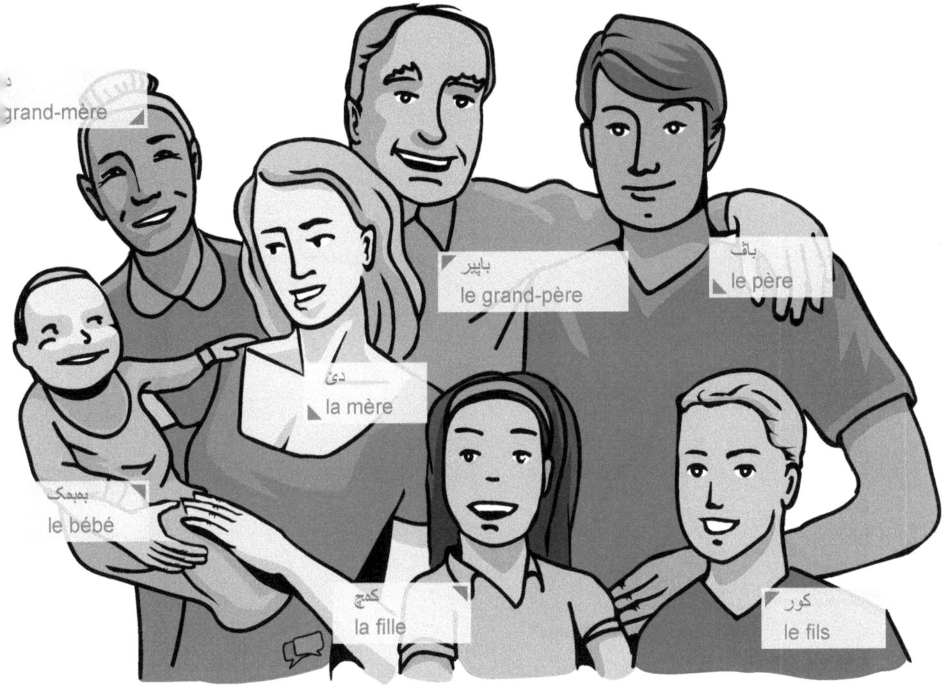

د
grand-mère
باپیر
le grand-père
باڤ
le père
دێ
la mère
بەبەک
le bébé
کەچ
la fille
کور
le fils


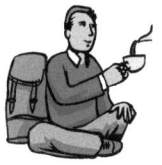

مێڤان

l'hôte

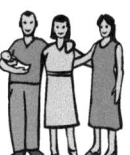

مەت

la tante

ئاپ/خال

l'oncle

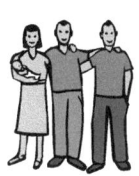

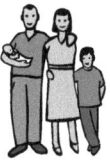

برا

le frère

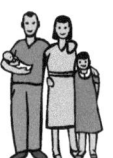

خوشک

la sœur

# بەدەن

# le corps

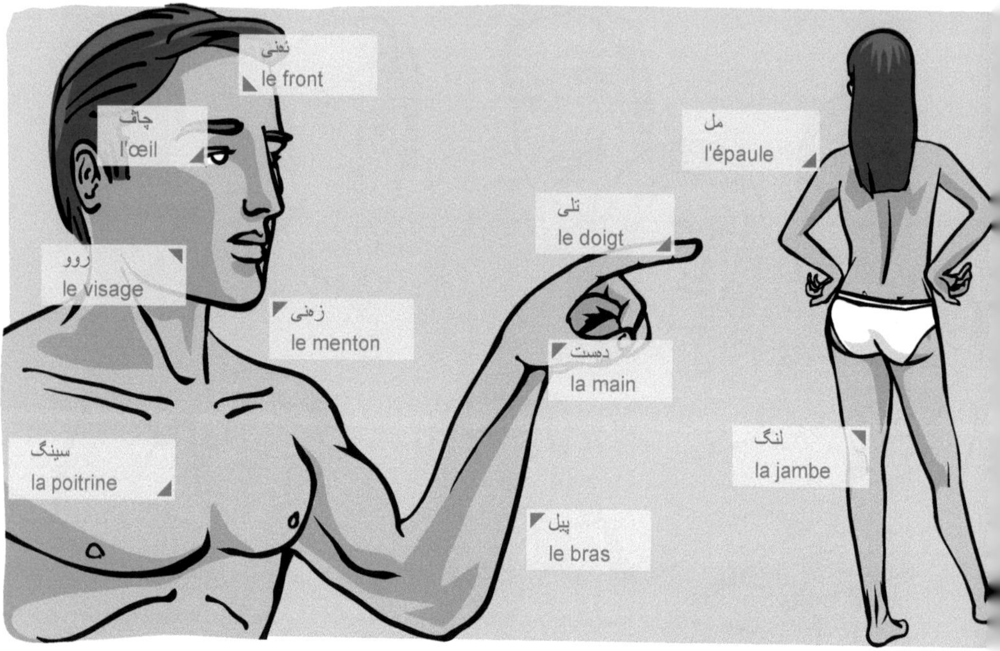

ئەنی
le front
چاڤ
l'œil
روو
le visage
زەنی
le menton
سینگ
la poitrine
تلی
le doigt
دەست
la main
پیل
le bras
مل
l'épaule
لنگ
la jambe


بەبەک

..................

le bébé

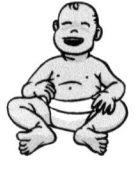

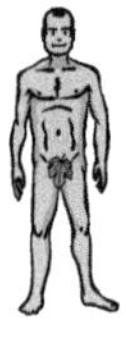

مێر

..................

l'homme

ژن

..................

la femme

کەچ

..................

la fille

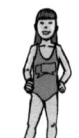

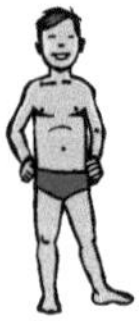

کۆڕ

..................

le garçon

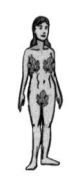

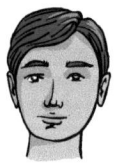

سەر

..................

la tête

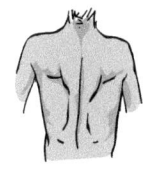

پشت

le dos

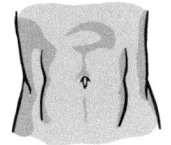

زک

le ventre

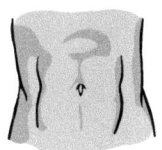

ناف

le nombril

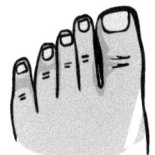

تیلیا پنی

l'orteil

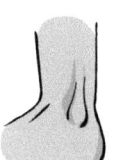

پانی

le talon

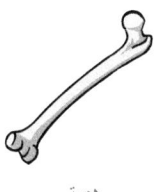

هسستی

l'os

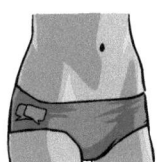

کوولینمک

la hanche

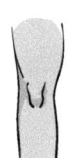

ژوونی

le genou

نمنیشک

le coude

دفن

le nez

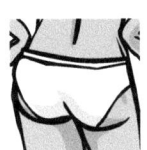

قوون

les fesses

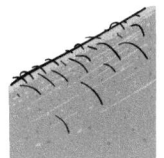

چرم

la peau

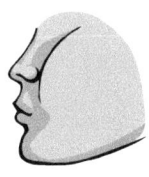

روو

la joue

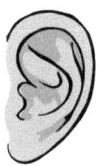

گوه

l'oreille

لئڤ

la lèvre

دەف
..................
la bouche

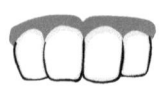

دران
..................
la dent

زمان
..................
la langue

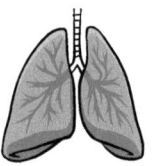

مێژوو
..................
le cerveau

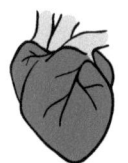

دڵ
..................
le cœur

ماسوول
..................
le muscle

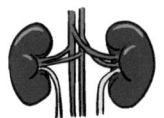

جیگەرا سپی
..................
les poumons

جەمگەر
..................
le foie

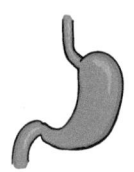

ماده
..................
l'estomac

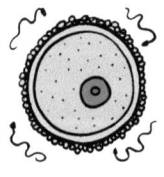

گوورچكان
..................
les reins

جۆتبوون
..................
le rapport sexuel

كۆندۆم
..................
le préservatif

هێنك
..................
l'ovule

تۆڤ
..................
le sperme

دووجانی
..................
la grossesse

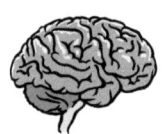

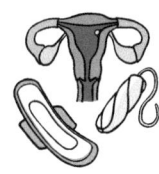

ناده

la menstruation

قووز

le vagin

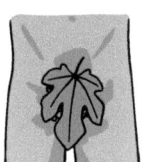

كير

le pénis

بروو

le sourcil

پۆر

les cheveux

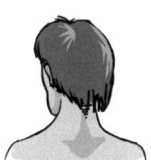

هووستوو

le cou

نمخوەشخانه
l'hôpital

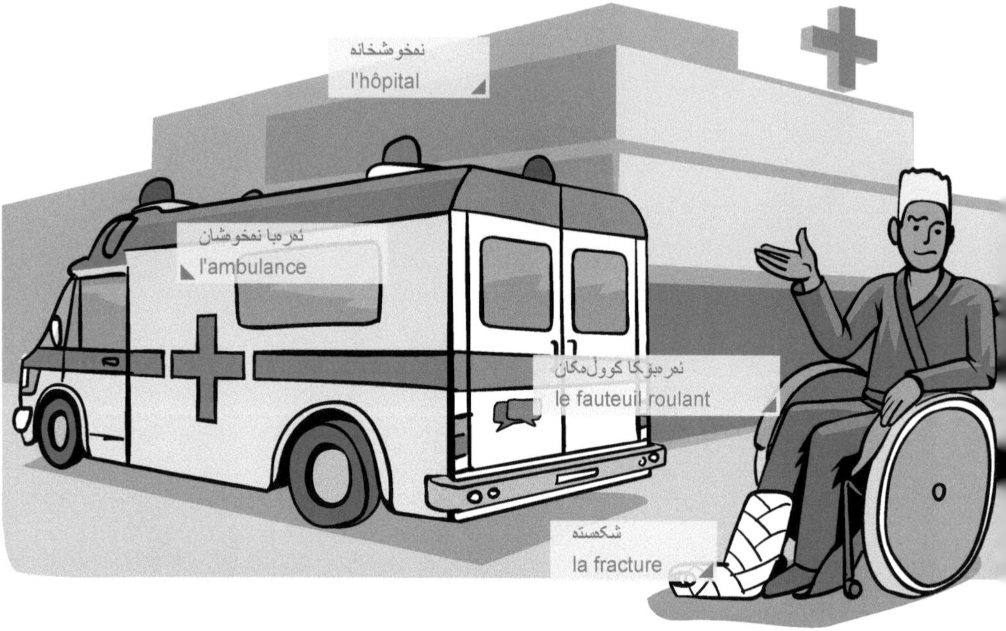

ئەرەبیا نمخوەشیان
l'ambulance

ئەرەبۆكا كوولەمگان
le fauteuil roulant

شكستە
la fracture

پزیشک

le médecin

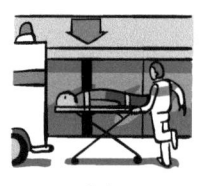

نۆردا لەزگینێ

le service des urgences

نمخوەشیار

l'infirmière

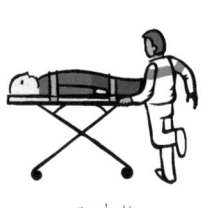

ناجیلیبیت

l'urgence

بێهای

inconscient

ئێش

la douleur

برين
la blessure

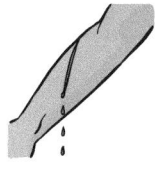

خوێنپژان
l'hémorragie

هێرشا دلی
la crise cardiaque

جەلتە
l'attaque cérébrale

نالەرژی
l'allergie

کوخک
la toux

تا
la fièvre

زکام
la grippe

ناڤچووین
la diarrhée

سەرێش
le mal de tête

قانسێر
le cancer

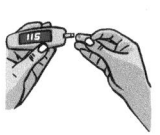

نەخوشیا شەکرێ
le diabète

نەمەلیکار
le chirurgien

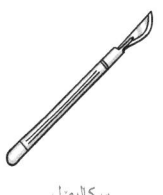

سکالپێل
le scalpel

نەمەلی
l'opération

جِتّ
.................
le CT

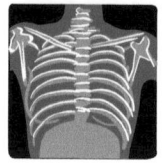

سوورەتێ رۆنتگەنێن
.................
la radiographie

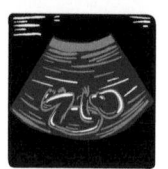

نوولترِاساوەند
.................
l'échographie

ماسکێ رووێن
.................
le masque

نەخوشی
.................
la maladie

نۆدا سمکنینێ
.................
la salle d'attente

گۆچان
.................
la béquille

شێل
.................
le pansement

پاچێ برینپێچانێ
.................
le pansement

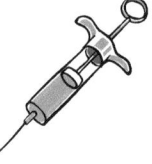

دەرزی
.................
l'injection

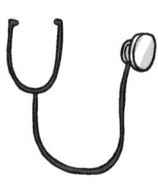

بیستوکا پزیشکی
.................
le stéthoscope

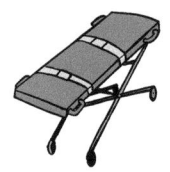

داربەست
.................
le brancard

تێهنیپڤا کلینیکێ
.................
le thermomètre

زایین
.................
l'accouchement

قەلەو
.................
la surcharge pondérale

ناليكاريا بهيستنئ
l'appareil auditif

باكتمريكوژ
le désinfectant

كۆتيبوون
l'infection

ڤيرووس
le virus

هڤ / نادس
le VIH / le sida

دەرمان
le médicament

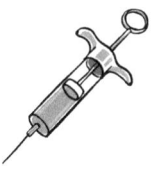

كوتان
la vaccination

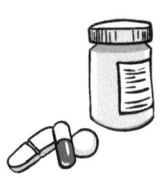

هەبان
les comprimés

هەب
la pilule

لەزگين
l'appel d'urgence

ديمەندەرى پەستۆ خوين
le tensiomètre

نەخۆش / ساخ
malade / sain

# l'urgence

هەوار!

Au secours !

مارالان

l'alarme

شىرىئ

l'assaut

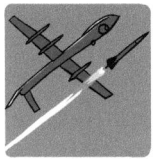

ئىرىشكرن

l'attaque

كووالت

le danger

لجان ئانتكمرەد

la sortie de secours

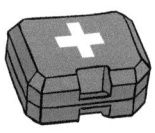

ئاگرا!

Au feu!

ئانگر قەمراندنئ

l'extincteur

قەزا

l'accident

مەدكمي يا يارىكاىلان نىئتەلان

la trousse de premier
secours

سۆس

SOS

پۆلىس

la police

# la terre

ئەورۆپا

l'Europe

ئامریکایا باکوور

l'Amérique du Nord

ئامریکایا باشوور

l'Amérique du Sud

نافریکا

l'Afrique

ناسیا

l'Asie

ناووستّرالیا

l'Australie

ناتلانتیک

l'Océan atlantique

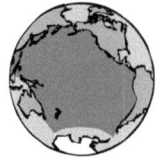

ئۆكیانووسا ممزن

l'Océan pacifique

ئۆكیانووسا هندی

l'Océan indien

ئۆكیانووسا نانتارکتیکا

l'Océan antarctique

ئۆكیانووسا ناركتیک

l'Océan arctique

جەمسەرا باكوور

le Pôle nord

جمهسمعرا باشوور

le Pôle sud

ناانتاركتيكا

l'Antarctique

ئەرد

la terre

ناخ

le pays

بهەر

la mer

دوورگە

l'île

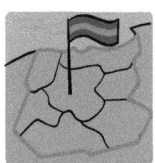

مللەت

la nation

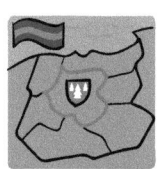

وەلات

l'état

ساعت ی رووڕ
................
le cadran

ڕەمژمێر ئاکرەندەنش
................
l'aiguille des heures

دەقە ئاکرەندەنش
................
l'aiguille des minutes

سانیه ئاکرەندەنش
................
l'aiguille des secondes

سەعت چەندە؟
................
Quelle heure est-il ?

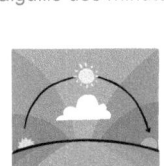

ڕۆژ
................
le jour

دەم
................
le temps

ئێستا
................
maintenant

ساعتی دیجیتاڵ
................
la montre digitale

دەقە
................
la minute

سەعت
................
l'heure

# la semaine

دووشەمم
lundi

چارشەم
mercredi

يد/هەينى
vendredi

سێشەم
mardi

شەمى
samedi

پێنجشەم
jeudi

يەکشەم
dimanche

دوه
hier

نيرۆ
aujourd'hui

سبەى
demain

سبە
le matin

نيوڕۆ
le midi

ئێوار
le soir

رۆژێن کارئ
les jours ouvrables

داوبا هەفتە
le week-end

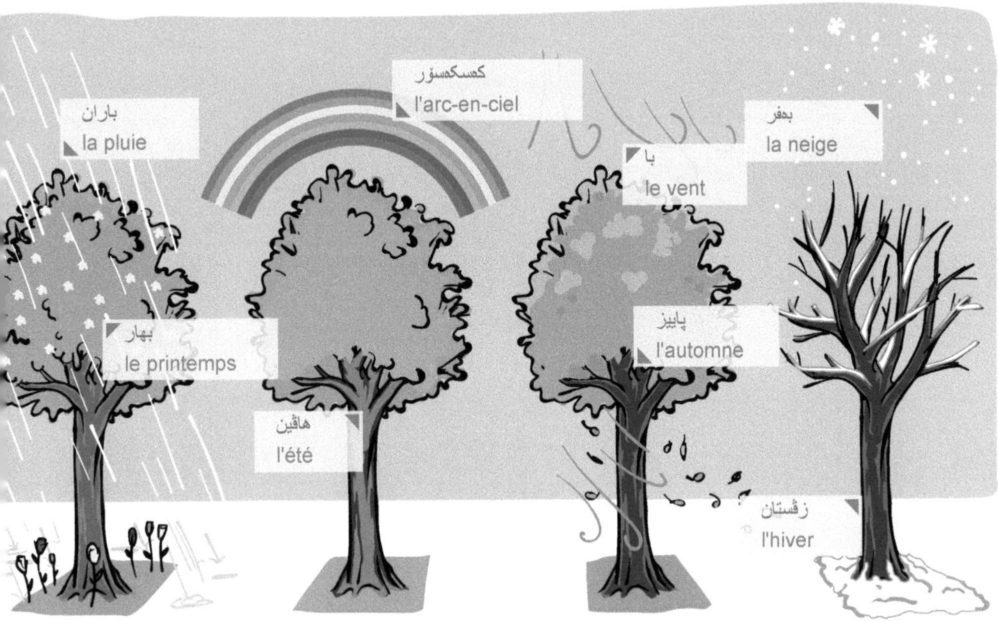

باران
la pluie

کەسکەسۆر
l'arc-en-ciel

بەفر
la neige

با
le vent

بەهار
le printemps

پاییز
l'automne

هاڤین
l'été

زستان
l'hiver

| 4.APRIL | 11° | ☀ |
| 5.APRIL | 4° | 🌧 |
| 6.APRIL | 13° | ☁ |
| 7.APRIL | 8° | ☀ |
| 8.APRIL | 10° | ☀ |

پێشبینیا هەوا
la météo

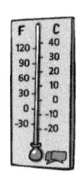

تەهنینیف
le thermomètre

تاڤ
la lumière du soleil

هەور
le nuage

مژ
le brouillard

هێمى
l'humidité

برق
la foudre

برووسک
la tonnerre

توّفان
la tempête

تەرگ
la grêle

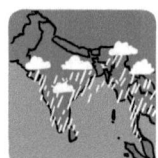

مانسوون
la mousson

لەھی
l'inondation

جەمەد
la glace

رێبەندان
janvier

رەشەمە
février

نەورۆز
mars

گوڵان
avril

جۆزەردان
mai

پووشپەر
juin

گەلاوێژ
juillet

خەرمانان
août

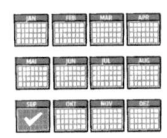

رەزبەر
..................
septembre

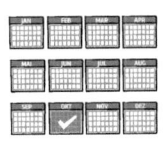

كەوچێر
..................
octobre

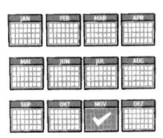

سەرماوەز
..................
novembre

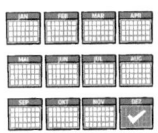

بەفرانبار
..................
décembre

# شێوە

## les formes

چەمبەر
..................
le cercle

چارچک
..................
le carré

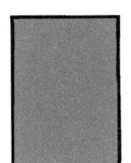

چارقۆزی
..................
le rectangle

سێقۆزی
..................
le triangle

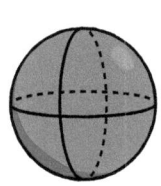

قادا
..................
la sphère

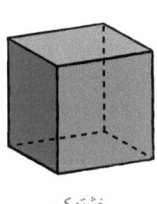

خشتەک
..................
le cube

سپی
....................
blanc

زەر
....................
jaune

پرتەقاڵی
....................
orange

پەمبە
....................
rose

سۆر
....................
rouge

مۆر
....................
violet

شین
....................
bleu

کەسک
....................
vert

قەهوەیی
....................
marron

گەور
....................
gris

رەش
....................
noir

# les oppositions

زۆر / کەم

beaucoup / peu

ب هێرس / بێدەنگ

fâché / calme

بەدەو / نەرند

joli / laid

دەستپێک / داوی

le début / la fin

مەزن / بچووک

grand / petit

رۆنی / تاری

clair / obscure

براک / خوشک

frère / soeur

پاگژ / گرێژ

propre / sale

تەڤای / نەتەمام

complet / incomplet

رۆژ / شەڤ

le jour / la nuit

مری / زندی

mort / vivant

فرە / تەنگ

large / étroit

خوش / نمخوش
.................
comestible / incomestible

نمباش / باش
.................
méchant / gentil

ب هیجان / ناجز
.................
excité / ennuyé

قملمو / زراڤ
.................
gros / mince

یمکمین / داوین
.................
le premier / le dernier

همڅال / دژمن
.................
l'ami / l'ennemi

تژی / ڤالا
.................
plein / vide

رهق / نهرم
.................
dur / souple

گران / سڤک
.................
lourd / léger

برچی / تینی
.................
faim / soif

نهخومش / ساخ
.................
malade / sain

نمقانوونی / قانوونی
.................
illégal / légal

رهوشمنبر / بالووله
.................
intelligent / stupide

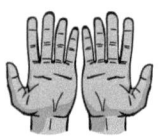

چهپ / راست
.................
gauche / droite

نیزی / دوور
.................
proche / loin

نوو / بکارهاتی

nouveau / usé

هیچ / تشتمک

rien / quelque chose

کال / جوان

vieux / jeune

ل / ژ

marche / arrêt

قەمکری / گرتی

ouvert / fermé

نارام / دەنگبلند

faible / fort

دەولەمەند / ڕەبمن

riche / pauvre

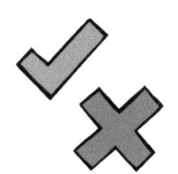

ڕاست / شاش

correct / incorrect

دڕ / هلوو

rugueux / lisse

خەمگین / شا

triste / heureux

کورت / درێژ

court / long

هێدی / زوو

lent / rapide

شل / زوا

mouillé / sec

گەرم / هۆننک

chaud / froid

شەڕ / ئاشتی

la guerre / la paix

# les nombres

| | | |
|---|---|---|
| **0** | **1** | **2** |
| سفر | یەک | دوو |
| zéro | un / une | deux |
| **3** | **4** | **5** |
| سێ | چار | پێنج |
| trois | quatre | cinq |
| **6** | **7** | **8** |
| شەش | حەفت | هەشت |
| six | sept | huit |
| **9** | **10** | **11** |
| نۆ | دە | یازده |
| neuf | dix | onze |

**12**

دازده

douze

**13**

سێزده

treize

**14**

چارده

quatorze

**15**

پازده

quinze

**16**

شازده

seize

**17**

هەفدە

dix-sept

**18**

هەژده

dix-huit

**19**

نۆزدەه

dix-neuf

**20**

بیست

vingt

**100**

سەد

cent

**1.000**

هەزار

mille

**1.000.000**

ملیۆن

le million

ئینگلیزی
...........
l'anglais

ننگلیزی یا ئامەریکی
...........
l'anglais américain

چینی ماندارین
...........
le chinois mandarin

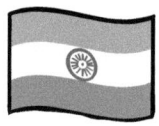

هیندی
...........
le hindi

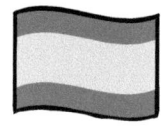

ئیسپانیۆلی
...........
l'espagnol

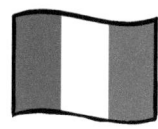

فەرەنسی
...........
le français

ئەرەبی
...........
l'arabe

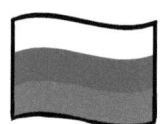

رووسی
...........
le russe

پۆرتوگالی
...........
le portugais

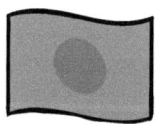

بەنگالی
...........
le bengali

ئەلمانی
...........
l'allemand

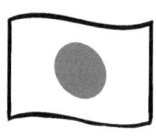

ژاپۆنی
...........
le japonais

من

je

تو

tu

♂ ♀ ○

ئدو / ئحف / ئدو

il / elle / ce, c', cela

ئحم

nous

تو

vous

ئدو

ils / elles

کی؟

Qui ?

چ؟

Quoi ?

چاوا؟

Comment ?

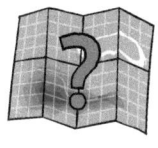

کیدمرئ؟

Où ?

کەنگی؟

Quand ?

HELLO, I AM

ناف

le nom

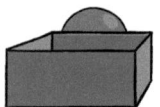

پشتی

derrière

دان

dans

پێشی

devant

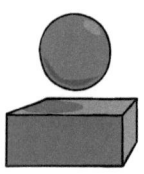

سەر

au-dessus

سەر

sur

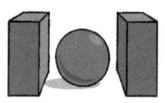

بن

en-dessous

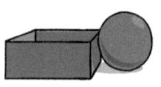

کەنلمک

à côté de

ناقبمر

entre

جە

le lieu